Fredericton

Photography by/Photographies de Sherman Hines
Introduction by/par Alfred Bailey

NIMBUS
PUBLISHING LTD

Nimbus Publishing Limited
P.O. Box 9301, Station A
Halifax, N. S. B3K 5N5
(902) 455-4286

Printed and bound in Hong Kong by Everbest Printing Co., Ltd.

Photographs taken with Pentax 6 X 7 using Ektachrome and Contax 35mm camera using Kodachrome.

Canadian Catalogue in Publication Data

Hines, Sherman, 1941-

Fredericton
Text in English and French.
ISBN 1-55109-052-X

1. Fredericton (N. B.)—Pictorial works. I. Title.
FC2496.37.H56 1993   971.5'51504'0222   C93-098501-XE
F1044.5.F8H56 1993

Imprimé et relié à Hong Kong par Everbest Printing Co., Ltd.

Photographies prises par un Pentax 6 X 7 utilisant Ektachrome et par un Contax 35mm utilisant Kodachrome.

Données de catalogage avant publication (Canada)

Hines, Sherman, 1941-

Fredericton
Texte en anglais et en français.
ISBN 1-55109-052-X

1. Fredericton (N. B.)—Ouvrages illustrés. I. Titre.
FC2496.37.H56 1993   971.5'51504'0222   C93-098501-XF
F1044.5.F8H56 1993

Introduction

Many people in Fredericton and elsewhere thought it strange that Lord Beaverbrook, who had produced the spitfires that enabled the R.A.F. to defeat the Luftwaffe and turn the tide of war, should have left the scenes of his power and triumphs to spend his declining years in Fredericton. Those who were fortunate enough to have known him sensed in him not only a sentimental regard for the scenes of his early youth in New Brunswick, but also a respect for intellectual achievement and a rare appreciation of the arts. It is fitting, therefore, that he should look down form his bronze statue in Officers' Square upon the city that he had adorned with so many beautiful buildings. Besides two buildings on the campus of the University of New Brunswick that are named in his honour, the community owes to his generosity a rink, a gymnasium, a men's residence, a playhouse, an art gallery, and not least a library building, now the Provincial Archives, which he named for his two friends Andrew Bonar Law and Richard Bedford Bennett, native sons and prime ministers both. The library and art gallery were the chief objects of his pride and pleasure.

Lord Beaverbrook's dedication to both material and spiritual values, to a degree not always found in men of his stature, reflects two trends in the life of Fredericton which, while no means unique, are evident enough and are worthy of comment. A case in point can be found in the life of Jonathan Odell, who accompanied the first governor, Thomas Carleton, to choose a site for the provincial capital late in November of 1784. Clergyman, doctor, administrator and, during the war of independence, a secret agent, he was nonetheless the leading poet and satirist on the Loyalist side in that conflict. Although King's College, Fredericton, now the University of New Brunswick, was the first in Canada to appoint to its faculty a professor of chemistry and the natural sciences, the incumbent of that position was noteworthy for regarding the processes of the natural world as evidences of divine intent. Another case in point is that of the Fredericton watchmaker Benjamin Tibbets, a god-fearing man who, not long before 1845, invented the first steam compound marine engine, an event that revolutionized steam navigation throughout the world.

Although these evidences of practicality must not go unnoticed, it is also true that things of the spirit cannot fail to impress themselves upon anyone who chances to look back upon the history of Fredericton in the nineteenth century. Within Odell's lifetime a Fredericton born girl of seventeen, Julia Catherine Beckwith, wrote *St. Ursula's Convent or the Nun of Canada* and thus became the first native-born novelist in what is now Canada. Others followed, their names too numerous to mention. Nevertheless, one cannot avoid taking notice of the fact that when George R. Parkin, a graduate of the University of New Brunswick, returned to Fredericton from Oxford to assume the principalship of the Collegiate School, he brought with him a knowledge of, and a love for, the poetry of the great Romantics, as well as that of the new pre-Raphaelite school of British poets. On outings in the college woods he would recite poems of these writers to his boys, among whom were Charles G.D. Roberts and Bliss Carman, in his beautiful sonorous voice. From him they caught the inspiration that was to remain with them ever afterwards, and was the climatic moment in the history of English-Canadian literature.

As Roy Daniells stated the matter in the *Literary History of Canada* "...a cultural impulse which produced some of Canada's best writing originated in Fredericton... The emergence of Roberts and Carman, together with others of their group, from the town and countryside of Fredericton, has implications for the whole of Canadian literature..." He noted that even a small community could furnish the critical mass for a literary expansion. Other persons of note were contemporary, such as W.O. Raymond, who later became the author of the New Brunswick classic, *The River St. John, Its Physical Features, Legends and History*. These days were not forgotten. In the fullness of time, the University of New Brunswick was to become the chief centre for the study of the history of the Maritimes. The literary tradition was continued by a group of writers who, in 1945, published the first *Fiddlehead*, which was to become the longest-lived literary magazine in Canada.

The visual image of the place was not at variance with the products of the creative spirit of the scholars and poets. The visitor to Fredericton, if he had even a limited acquaintance with the history of architecture, would observe structures of many different periods, reflecting the waves of population that have entered the place at various times bringing their standards with them. The Odell house still standing on the corner of Church and Brunswick Streets, must certainly be one of the oldest in the city, as it is outlined on a plan of Fredericton of 1785, the year of the founding of the place. The English colonial phase is well represented by the Old Arts Building, of what was then King's College, now the University of New Brunswick, and old Government House on the Woodstock Road, both a result of the initiative of the governor, Sir Howard Douglas, and both declared by the Government of Canada to be national historic sites.

Unlike Saint John, the chief centre of commerce in the province, Fredericton owes its status as a city to the presence of Christ Church Cathedral, one of Canada's most beautiful buildings. Designed by Frank Willis and consecrated in 1853, it was the first example of the Gothic Revival in North America. There is no doubt that there would be more buildings of this period still standing had it not been for the Great Fire of 1850 that burned one hundred and fifty houses as well as numerous barns and outhouses in the heart of the small city of that time.

What the visitor might not realize is that Fredericton has remained a very small city throughout the greater part of its history, numbering not more than 12,000 until after the second world war. The proximity of Camp Gaugetown, the phenomenal expansion of the provincial civil service, and the inclusion of outlying areas on both sides of the river are accountable for much of the growth. Approximately a hundred professors and five thousand students in the two universities of the nineteen-eighties have replaced the twelve professors and less than two hundred students of fifty years before. Three buildings on the campus have become thirty. In the old days the hill behind the town was mostly dense forest, interspersed with farms, where at night the whippoorwill could be heard uttering its haunting cry. Beyond the grid of new streets climbing upward "the sound of horns and motors" can now be heard; a myriad of incandescent lights blaze forth on an assortment of malls and attendant structures. The appearance of all this is at variance with the original town plat on the peneplain by the riverside, the most characteristic feature of which is the one that caused Fredericton long ago to be referred to as *the city of stately elms.*

Alfred Bailey,
Professor Emeritus University of New Brunswick

Introduction

Beaucoup de gens originaires de Fredericton et d'ailleurs furent surpris de voir Lord Beaverbrook, après avoir fourni les avions de guerre qui permirent à la R.A.F. de vaincre la Luftwaffe et de changer ainsi le cours de la guerre, laisser le théâtre de son pouvoir et de ses triomphes pour aller passer ses dernières années à Fredericton. En effet, ceux qui furent chanceux de le connaître, sentirent en lui, non seulement une considération sentimentale pour les lieux de son enfance passée au Nouveau-Brunswick, mais aussi un grand respect pour les réalisations intellectuelles et une rare appréciation des arts en général. Il convient donc que du haut de sa statue de bronze, érigée Place des Officiers, son regard se baisse sur cette ville qu'il a ornée d'un si grand nombre de magnifiques constructions. Outre les deux édifices nommés en son honneur et situés sur le campus de l'Université du Nouveau-Brunswick, Fredericton doit à sa générosité une patinoire, un gymnase, une résidence pour garçons, un théâtre, une galerie d'art et aussi, mais pas des moindres, une bibliothèque, qui abrite maintenant les Archives provinciales, et que Lord Beaverbrook nomma en l'honneur de ses amis Andrew Bonar Law et Richard Bedford Bennett, tous deux enfants du pays et premiers ministres. La bibliothèque et la galerie d'art constituaient alors les principaux objets de sa fierté et de son plaisir personnel.

Le dévouement de Lord Beaverbrook aux valeurs matérielles et spirituelles, à un niveau que l'on ne trouve pas toujours chez des hommes de son importance, indique la présence de deux tendances au sein de la vie à Fredericton. Ces dernières, sans être uniques, sont toutefois évidentes et mériteraient quelques commentaires. La vie de Jonathan Odell qui, fin novembre 1784, accompagna le premier gouverneur Thomas Carleton lors d'un voyage dans le but de choisir un lieu pour la capitale provinciale, en constitue un exemple typique. Ecclésiastique, docteur, administrateur et agent secret au cours de la Guerre d'Indépendance, il était néanmoins le premier poète et satire du côté loyaliste de ce conflit. Même si le collège King, situé à Fredericton, l'actuelle Université du Nouveau-Brunswick, fut la première université du pays à nommer à sa faculté un professeur de chimie et de sciences naturelles, le titulaire de ce poste avait ceci d'intéressant qu'il voyait dans les mécanismes de la nature les preuves d'une intention divine. Benjamin Tibbets, horloger de Fredericton et croyant fervent, constitue un autre exemple de ces deux tendances: en effet, ce dernier inventa le premier moteur marin à système de vapeur, événement qui révolutionna, dans le monde entier, la navigation à la vapeur.

Bien que ces quelques preuves de nature pratique ne doivent pas être omises, il est néanmoins vrai que les choses de l'esprit feront l'admiration de celui qui se penche sur l'histoire de Fredericton au 19è siècle. En effet, au cours de la vie d'Odell, une jeune fille de 17 ans, Julia Catherine Beckwith, écrivit un livre intitulé " St. Ursula's Convent or the Nun of Canada " et devint ainsi le premier écrivain originaire de ce qui constitue maintenant le Canada. Il serait trop long d'énumérer tous les écrivains qui suivirent; toutefois, l'on ne saurait oublier qu'en revenant d'Oxford, Georges R. Parkin, diplômé de l'Université du Nouveau-Brunswick, rentré d'ailleurs dans le but de prendre le poste de directeur de la Collegiate School, rapporta avec lui l'amour de la poésie des grands romantiques et de la nouvelle école préraphaélite des poètes britanniques ainsi qu'une bonne connaissance de ces dernières. Au cours de sorties dans les bois environnants le collège, il récitait à ses garçons de sa voix belle et sonore des poèmes de ces écrivains; parmi ses élèves se trouvaient Charles G. D. Roberts et Bliss Carman. Ces derniers puisèrent en Parkin une inspiration qui demeura en eux à jamais et qui constitua l'apogée de la littérature canadienne anglophone.

Roy Daniels expliqua cette inspiration dans "L'histoire littéraire du Canada" de la façon suivante: "... un élan culturel qui engendra certains des meilleurs écrits de la littérature canadienne trouva son origine à Fredericton... L'apparition de Roberts et de Carman, ensemble avec certains autres écrivains de leur groupe, originaires de la ville de Fredericton et de ses environs a des conséquences sur l'entière littérature canadienne." Daniels constata qu'une communauté, même restreinte, pouvait produire des groupes suffisamment importants pour le développement d'une littérature. Parmi certains autres écrivains éminents se trouvaient des contemporains tels que W. O. Raymond qui écrivit plus tard l'un des classiques du Nouveau-Brunswick: "The River St.John, Its Physical Features, Legends and History." Ces jours d'abondance littéraire ne sombrèrent pas dans l'oubli. En effet, avec le temps, l'Université du Nouveau-Brunswick devint le centre principal d'étude de l'histoire des Maritimes, et la tradition littéraire continua grâce à un groupe d'écrivains qui, en 1945, publia le premier numéro de "Fiddlehead", magazine littéraire canadien qui allait connaître la plus longue parution.

L'aspect visuel de Fredericton ne se trouvait aucunement en désaccord avec les textes issus de l'esprit créatif des lettrés et des poètes. En effet, celui qui visite Fredericton, même doté d'une connaissance limitée de l'histoire de l'architecture, peut remarquer la présence de styles d'un grand nombre de périodes, témoins des différentes vagues de population qui se sont installées dans la ville à divers moments de l'histoire et qui ont emmené chacune leur style. Tel qu'il est précisé sur le plan de Fredericton datant de 1785, année de la fondation de la ville, la maison Odell, qui existe toujours au coin des rues Church et Brunswick, constitue sans aucun doute l'une des plus vieilles maisons de la ville. L'Ancien Pavillon des arts, c'est-à-dire l'ancien collège King, l'actuelle Université du Nouveau-Brunswick, ainsi que l'ancienne Résidence du Gouverneur, située rue Woodstock, tous deux résultat de l'initiative du Gouverneur Sir Howard Douglas et tous deux déclarés sites historiques nationaux, représentent bien la période coloniale anglaise.

Contrairement à St Jean, premier centre commercial du Nouveau-Brunswick, Fredericton doit son titre de ville à la présence de la cathédrale Christ Church, l'un des plus beaux édifices du Canada, conçue par Frank Wills, consacrée en 1853, et qui constitua le premier exemple de la Renaissance gothique en Amérique du Nord. Sans aucun doute resterait-il davantage d'édifices datant de cette même période si ce n'eut été du grand incendie de 1850 qui mit le feu à 150 maisons ainsi qu'à un grand nombre de granges et de dépendances situées au coeur de la petite ville de ce temps.

Le visiteur pourrait ne pas se rendre compte que Fredericton demeura au cours de la plus grande partie de son histoire une très petite ville, ne comptant pas plus de 12 000 habitants, même après la Seconde Guerre Mondiale. La proximité du Camp Gagetown, développement militaire phénoménal, et l'introduction de quartiers périphériques des deux côtés de la rivière sont en très grande partie à l'origine du développement de la ville. Environ une centaine de professeurs et quelques cinq mille étudiants répartis dans les deux universités des années quatre-vingts ont remplacé les douze professeurs et moins de deux cents étudiants que comptait l'université cinquante ans auparavant; de plus, aux trois édifices de l'ancien campus, vingt-sept autres se sont rajoutés. Autrefois, une forêt dense recouvrait presque entièrement la colline située derrière la ville, parsemée ici et là de fermes et où la nuit se faisait entendre le cri hantant de l'engoulevent. Au-delà du quadrillage des nouvelles rues qui montent la colline, l'on peut maintenant entendre "le son des klaxons et des moteurs" et l'on peut apercevoir d'innombrables lumières incandescentes briller de leur éclat dans une suite de centre commerciaux et de bâtiments divers . L'apparence de la ville d'aujourd'hui contraste avec le plan original de la communauté située sur la pénéplaine, le long de la rivière, et dont l'aspect le plus caractéristique faisait qu'autrefois, souvent, l'on appelait Fredericton la ville aux ormes majestueux.

Alfred Bailey,
Professeur honoraire à
l'Université du Nouveau-Brunswick.

Captions/Légendes:

1. The flame outside the Centennial Building was lit in 1967, Canada's Centennial Year./La flamme située à l'extérieur de l'Édifice du Centennaire fut allumée en 1967, année du Centenaire de la création du Canada.

2. Aerial view of Fredericton and the Saint John River./Vue aérienne de Fredericton et de la rivière Saint Jean.

3. The Beaverbrook Art Gallery, established by Lord Beaverbrook in 1959, has an excellent collection of works that includes Canadian, British and Spanish artists./La Galerie d'art Beaverbrook fut établie par Lord Beaverbrook en 1959; elle possède une très bonne collection, comprenant entre autres des oeuvres d'artistes canadiens, britanniques et espagnols.

4. Ian Lumsden, Director of the Beaverbrook Art Gallery./Ian Lumsden, directeur de la Galerie d'art Beaverbrook.

5. Ascending and descending views of the spiral staircase in the Legislative Assembly Building./Photos de l'escalier en colimaçon de l'Assemblée législative, prises en plongée et en contreplongée.

6. The elegant drawing room of the official residence of the Lieutenant Governor of New Brunswick on WaterlooRow./L'élégant salon de réception de la résidence officielle du Lieutenant-Gouverneur du Nouveau-Brunswick, située rue Waterloo Row.

7. From the porch of City Hall looking out to Queen Street./Vue de la rue Queen, prise du portique de l'Hôtel de Ville.

8. City Hall, erected in Phoenix Square in 1876, is an outstanding example of nineteenth-century civic architecture./L'Hôtel de Ville, construit sur la Place Phoenix en 1876, constitue un exemple remarquable de l'architecture des édifices municipaux du dix-neuvième siècle.

9. Bruno and Molly Bobak, artists of international renown, live and work in Fredericton./Bruno et Molly Bobak, artistes de renommée internationale, vivent et travaillent à Fredericton.

10. The stone cairn, built in 1962 in Carleton Park, commemorates Fort Nashwaak built by the French governor, Chevalier Robioneau de Villebon./Placé dans le parc Carleton en 1962, le cairn rappelle le Fort Nashwaak, construit par le gouverneur français, le chevalier Robioneau de Villebon.

11. The totem pole was donated by the native peoples of British Columbia to commemorate the centenary of the union of the Province of British Columbia with Canada./Les autochtones de la Colombie Britannique ont fait don de ce mât totémique au Nouveau-Brunswick dans le but de rappeler le centenaire de l'union de la Colombie Britannique avec le Canada.

12. Purple violets, the provincial flower of New Brunswick./La violette, fleur provinciale du Nouveau-Brunswick.

13. Aerial view of the University of New Brunswick campus./Vue aérienne du campus de l'Université du Nouveau-Brunswick.

14. Bicycling through crisp autumn leaves./Promenade à bicyclette sur un tapis de feuilles mortes.

15. On the campus of U.N.B./Photo prise sur le campus de l'Université du Nouveau-Brunswick.

16. Mural by local artist John Hooper in the foyer of the Centennial Building./Sculpture de l'artiste local John Hooper, située dans le hall de l'Édifice du Centennaire.

17. The Legislative Assembly Building, seat of the government in New Brunswick since 1882./L'Assemblée législative, siège du gouvernement du Nouveau-Brunswick depuis 1882.

18. The Assembly Chamber./La Chambre.

19. Statue of the Scottish poet Robert Burns, erected on the Green in 1906./Statue du poète écossais Robert Burns, érigée sur les gazons verts en 1906.

20. A bicyclist pauses along the banks of the Saint John River./Moment de repos d'un cycliste sur les rives de la rivière Saint Jean.

21. Recreation for all ages, in all seasons./Moments de loisir pour tout âge, à chaque saison.

22. Sunlight reflects in the river offering a tranquil, natural setting./Reflets du soleil sur la rivière, créant un lieu naturel tranquille.

23. The Playhouse, home of Theatre New Brunswick, was a gift from Lord Beaverbrook to the people of his native province./Lord Beaverbrook fit don aux habitants de sa province d'origine du Playhouse, siège du Théâtre Nouveau-Brunswick.

24. An autumn walk along the tranquil Saint John River./Promenade automnale le long des rives tranquilles de la rivière Saint Jean.

25. St. Thomas University, founded in Chatham in 1910, was moved to the U.N.B. campus in 1964 in order to consolidate institutions of higher education./L'Université St Thomas, fondée à Chatham en 1910, fut déplacée sur le campus de l'U.N.B. en 1964 dans le but de renforcer les institutions d'enseignement supérieur.

26. Toby Graser, a Fredericton artist./Toby Graser, artiste de Fredericton.

27. Local produce and culinary delights are abundant at the popular George Street farmers market./Les produits locaux et les délices culinaires abondent au marché des fermiers de la rue George; ce dernier est très réputé à Fredericton.

28. David Kileel's stud farm, located on the outskirts of Fredericton./Le haras de David Kileel est situé en banlieue de Fredericton.

29. The fine craftmanship of this home is evident in the intricate porticos and ornate leaves./La qualité du travail de cette maison se retrouve dans ses portiques très travaillés et ses riches détails.

30. These wooden houses, with gables and shutters, combine with the weather to create a romantic setting./Les maisons en bois, montées de pignons et de volets, s'allient au temps pour créer une impression romantique.

31. The Cenotaph of Waterloo Row./Cénotaphe de la rue Waterloo Row.

32. McConnell Hall at the University of New Brunswick./Pavillon McConnell, Université du Nouveau-Brunswick.

33. The Guard House on the Military Compound, built in 1827, is now a provincial museum./Construit en 1827, le Corps de Guarde, situé dans l'enceinte militaire, sert maintenant de musée provincial.

34. The Officers Quarters on the Military Compound, started in 1839 and completed in 1851, now houses the York-Sunbury Historical Society Museum./Les quartiers des officiers de l'enceinte militaire, commencés en 1839 et achevés en 1851, abritent maintenant le Musée de la société historique York-Sunbury.

35. The Henrietta Irving Library on the campus of U.N.B./La Bibliothèque Henrietta Irving est située sur le campus de l'Université du Nouveau-Brunswick.

36. King's College laid the foundation for the University of New Brunswick. The original building is now called the Old Arts Building./Le collège King posa les fondations de l'Université du Nouveau-Brunswick. L'édifice original porte maintenant le nom d'Ancien Pavillon des arts.

37-38. Many of the beautiful homes in Fredericton are reflective of Victorian architecture./Un grand nombre des très belles demeures que l'on trouve à Fredericton sont de style victorien.

39. Fredericton Airport./ Aéroport de Fredericton.

40. A float plane on the Saint John River./ Hydravion sur la rivière Saint Jean.

41. Fredericton boasts a "real winter" with lots of snow./Fredericton tout enneigé pendant un "vrai hiver".

42. Taking a leisurely stroll through one of Fredericton's many walking trails./Promenade sur l'un des nombreux sentiers pédestres de Fredericton.

43. New Brunswick craftsmen are recognized worldwide for the fine quality of their work, including pottery, weaving, pewter, and jewelry./Les artisans du Nouveau-Brunswick sont reconnus mondialement pour la grande qualité de leur travail: poterie, tissage, travail de l'étain et bijouterie.

44. The York Regional Library on Carleton Street./La Bibliothèque municipale de York, rue Carleton.

45. Christmas wreath adorning the doorway of 297 Waterloo Row./Couronne de Noël ornant la porte du 297 rue Waterloo Row.

46. Christ Church Cathedral, a fine example of English Gothic architecture, was built of stone from Grindstone Island in southern New Brunswick and consecrated in 1853./La cathédrale Christ Church, consacrée en 1853, constitue un très bel exemple de l'architecture gothique anglaise. Les pierres qui ont servi à sa construction ont été extraites de l'île Grindston, située dans le sud du Nouveau-Brunswick.

47. Without too much trouble one can enjoy a little urban skiing on the Green or, after a snowfall, on the sidewalks./Il est possible, sans trop de problèmes, de profiter d'une balade à ski sur les gazons verts ou sur les trottoirs après une bonne chute de neige.

48. This elegant Georgian residence, dating back to 1828, was formerly Government House./L'ancienne Résidence du Gouverneur: cette élégante demeure de style anglais date de 1828.

49-50. Downtown Fredericton has expanded with a host of new development./Le centre ville de Fredericton s'est agrandi grâce un nombre important de nouveaux développements.

51. The tranquil Fredericton streets are an architectural delight./ Les rues tranquilles de Fredericton constituent un vrai plaisir architectural.

52. National Exhibition Centre and the New Brunswick Sports Hall of Fame. This building, completed in 1881, has also served as a Customs House and Post Office./Le Centre national d'exposition et le Temple de la renommée sportive du Nouveau-Brunswick. Cet édifice, achevé en 1881, a aussi servi de poste de douanes et de poste.

53. St. Peter's Anglican Church, built in 1838, at Springhill on the TransCanada Highway./ L'Église anglicane St. Peters a été construite en 1838 à Springhill au bord de la Transcanadienne.

54. Enjoying the sunny autumn weather while studying./Études sous le soleil d'automne.

55. One of the elegant residences on Waterloo Row./Exemple des élégantes demeures que l'on trouve sur la rue Waterloo Row.

56. Aerial view of a Fredericton suburb on the north side of the Saint John River./Vue aérienne de la banlieue de Fredericton, située sur le côté nord de la rivière Saint Jean.

57. First built as a school in 1931, the provincial Justice Building is part of the downtown core./ Construit en 1931 pour abriter un école, le Palais de justice provincial se trouve en plein coeur de la ville.

58. Formerly the Bonar Law-Bennet Library, the Public Archives of New Brunswick is located on the U.N.B. campus./Les Archives publiques du Nouveau-Brunswick, situées dans l'ancienne Bibliothèque Bonar Law-Bennet, se trouvent sur le campus de l'U.N.B.

59. Queen Street at night./Rue Queen, de nuit.

60. The Westmorland Street Bridge leading into Fredericton./Le pont de la rue Westmorland.

61. Enjoying a game of golf at the popular Fredericton Golf and Curling Club, located in the midst of the city./Match de Golf au Club de curling et de golf de Fredericton situé au milieu de la ville.

4

5

7

8

9

11

15

16

19

28

29

45

59